Impressum
Verlag: BABADADA GmbH, Nedderfeld 112 , 22529 Hamburg
Geschäftsführer / Verlagsleitung: Harald Hof
Druck: Books on Demand GmbH, In de Tarpen 42, 22848 Norderstedt

Imprint
Publisher: BABADADA GmbH, Nedderfeld 112 , 22529 Hamburg, Germany
Managing Director / Publishing direction: Harald Hof
Print: Books on Demand GmbH, In de Tarpen 42, 22848 Norderstedt

makaranta

colegio

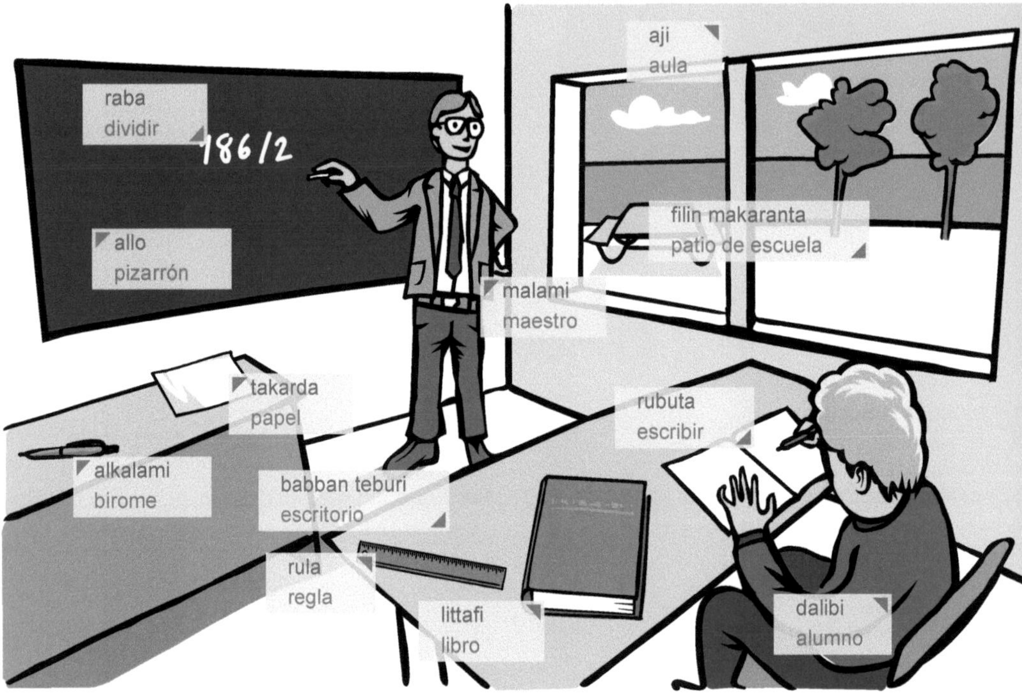

aji
aula
raba
dividir
186/2
allo
pizarrón
filin makaranta
patio de escuela
malami
maestro
takarda
papel
rubuta
escribir
alkalami
birome
babban teburi
escritorio
rula
regla
littafi
libro
dalibi
alumno

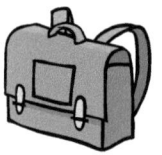

jakar makaranta

mochila

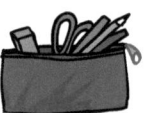

gidan fensir

caja de lápices

fensir

lápiz

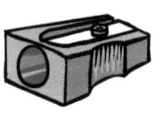

abin fike fensir

sacapuntas

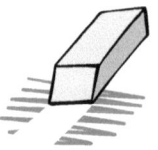

kilina

goma (de borrar)

kwalin zane

bloc de dibujo

zane
dibujo

burushin fenti
pincel

gwangwanin fenti
caja de pinturas

almakashi
tijera

gam
pegamento

littafi aiki
cuaderno de ejercicios

aikin gida
tarea

lamba
número

kara
sumar

debe
restar

yi sau
multiplicar

kwakuleta
calcular

wasika
letra

harafi
abecedario

kalma
palabra

rubutu
texto

karanta
leer

alli
tiza

darasi
lección

rijista
cuaderno de clase

jarabawa
examen

satifiket
certificado

kayan makaranta
uniforme escolar

ilimi
educación

kundin ilimi
enciclopedia

jami'a
universidad

madubin kimiyya
microscopio

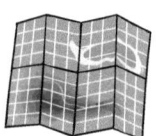

taswira
mapa

kwandon shara
tacho (de basura)

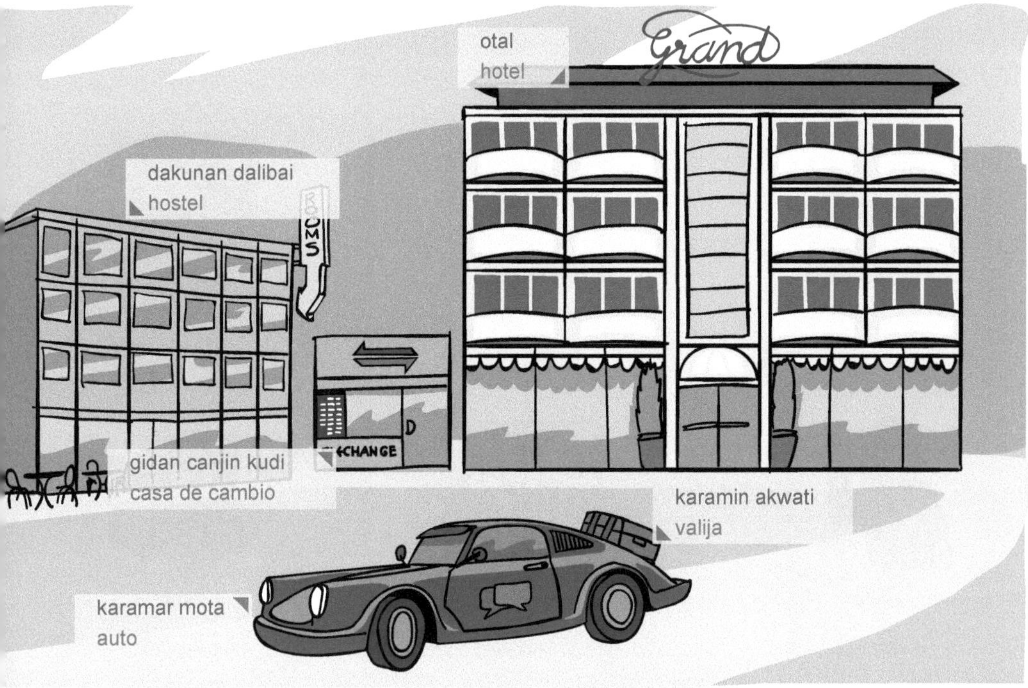

otal
hotel
Grand
dakunan dalibai
hostel
ROOMS
gidan canjin kudi
casa de cambio
EXCHANGE
karamin akwati
valija
karamar mota
auto

yare

idioma

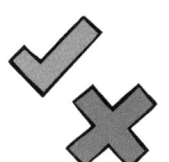

e/a'a

sí / no

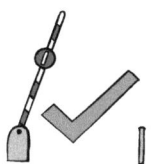

Ya yi

Está bien

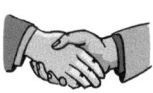

barka dai

hola

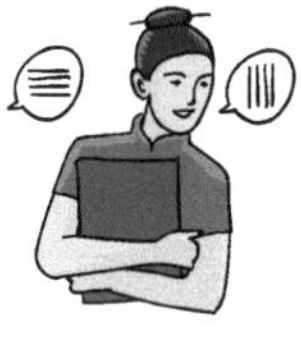

mai fassara

traductor

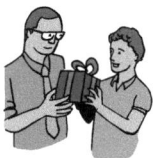

Na gode

Gracias

nawa ne...?

¿cuánto cuesta...?

ban gane ba

No entiendo

matsala

problema

Barka da yamma!

¡Buenas tardes!

Ina kwana!

¡Buenos días!

barka da dare!

¡Buenas noches!

sai an jima

adiós

alkibla

dirección

kaya

equipaje

jaka

bolso

jakar goyawa

mochila

bako

invitado

daki

habitación

jakar barci

bolsa de dormir

tanti

carpa

bayanin dan yawon bude-ido

información turística

bakin ruwa

playa

katin banki

tarjeta de crédito

karin kumallo

desayuno

abincin rana

almuerzo

abincin dare

cena

tikiti

pasaje

daga

ascensor

hatimi

sello

iyaka

frontera

kudin fiton kaya

aduana

ofishin jakadanci

embajada

biza

visa

fasfo

pasaporte

jirgin sama
avión

jirgin ruwa
barco

injin kashe gobara
autobomba

motar bas
colectivo

tarakta
camión

kwalekwale mai inji
ncha a motor

keke
bicicleta

karamar mota
auto

karamin jirgin ruwa
ferry

kwalekwale
bote

babur
moto

motar 'yansanda
patrullero

motar tsere
auto de carreras

motar haya
auto de alquiler

tarayyar karamar mota

alquiler de autos

babbar mota da ta lalace

grúa

motar shara

camión de basura

mota

motor

mai

nafta

gidan mai

estación de servicio

alamar titi

señal de tránsito

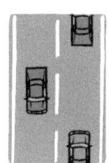

zirga-zirga

tránsito

cunkoson ababen hawa

embotellamiento

wurin ajiye mota

estacionamiento

tashar jirgin kasa

estación de tren

filin tsere

vías

jirgin kasa

tren

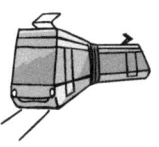

jirgin kasa mai kyabil

tranvía

keken doki

vagón

helikwafta

helicóptero

filin jirgin sama

aeropuerto

hasumiya

torre

fasinja

pasajero

mazubi

contenedor

kwali

caja de cartón

amalanke

carretilla

kwando

canasta

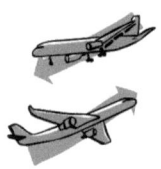

tashi / sauka

despegar / aterrizar

birni

ciudad

kauye

pueblo

tsakiyar birni

centro de ciudad

gida

casa

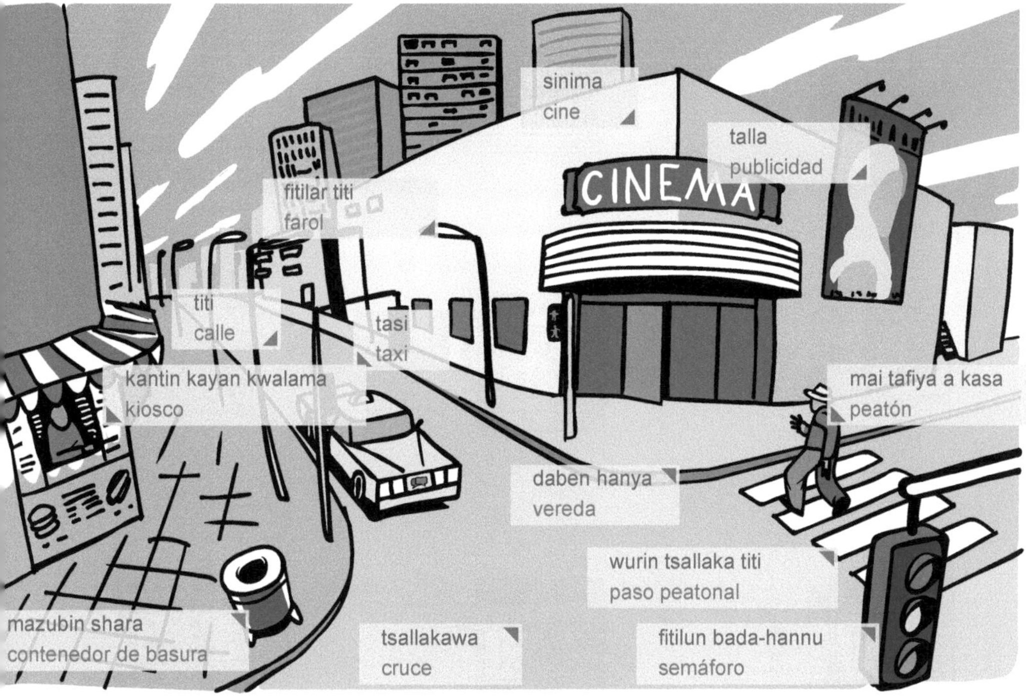

sinima
cine
talla
publicidad
CINEMA
fitilar titi
farol
titi
calle
tasi
taxi
kantin kayan kwalama
kiosco
mai tafiya a kasa
peatón
daben hanya
vereda
wurin tsallaka titi
paso peatonal
mazubin shara
contenedor de basura
tsallakawa
cruce
fitilun bada-hannu
semáforo

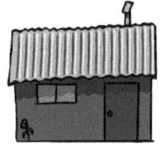

bukka

cabaña

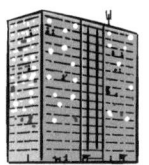

shafaffe

departamento

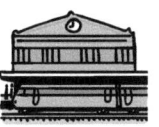

tashar jirgin kasa

estación de tren

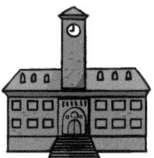

dakin taro

municipalidad

MUSEUM

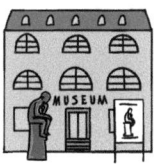

gidan kayan tarihi

museo

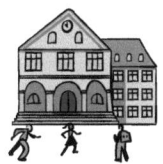

makaranta

colegio

jami'a

universidad

banki

banco

asibiti

hospital

otal

hotel

kantin magani

farmacia

ofis

oficina

kantin littattafai

librería

kanti

negocio

mai sayar da furanni

florería

babban kanti

supermercado

kasuwa

mercado

kanti mai sassa

grandes tiendas

shagon sayar da kifi

pescadería

wurin sayayya

centro comercial

matsayar jiragen ruwa

puerto

ma'ajiyar motoci

parque

benci

banco

gada

puente

kafar bene

escaleras

karkashin kasa

subte

ramin karkashin kasa

túnel

matsayar bas

parada del colectivo

mashaya

bar

gidan abinci

restaurante

akwatin sakonni

buzón

alamar titi

letrero

mitar ajiye motoci

parquímetro

gidan namun daji

zoológico

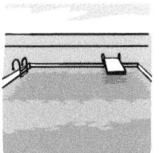

kwamin iyo

pileta

masallaci

mezquita

gona

granja

gurbata

contaminación

makabarta

cementerio

coci

iglesia

filin wasanni

juegos infantiles

dakin bauta

templo

fadin kasa

paisaje

ganye
hoja

turken alama
poste indicador

hanya
camino

makiyaya
pradera

dutse
piedra

bishiya
árbol

mai tattaki
excursionista

korama
río

ciyawa
hierba

fure
flor

kwazazzabo

valle

tudu

montaña

tafki

lago

daji

bosque

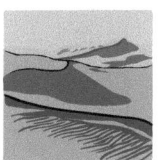

hamada

desierto

amon dutse

volcán

fada

castillo

bakan-gizo

arco iris

malafar jaki

champiñón

bishiyar kwakwar manja

palmera

sauro

mosquito

kuda

mosca

tururuwa

hormiga

zuma

abeja

gizo

araña

burgunguma

escarabajo

kwado

rana

kurege

ardilla

bushiya

erizo

zomo

liebre

mujiya

lechuza

tsuntsu

pájaro

agwagwar ruwa

cisne

aladen daji

jabalí

namijin barewa

ciervo

kanki

alce

dam

presa

lantarki mai iska

aerogenerador

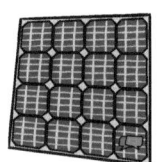

farantin hasken rana

panel solar

yanayi

clima

gidan abinci
restaurante

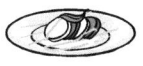

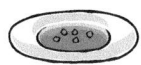

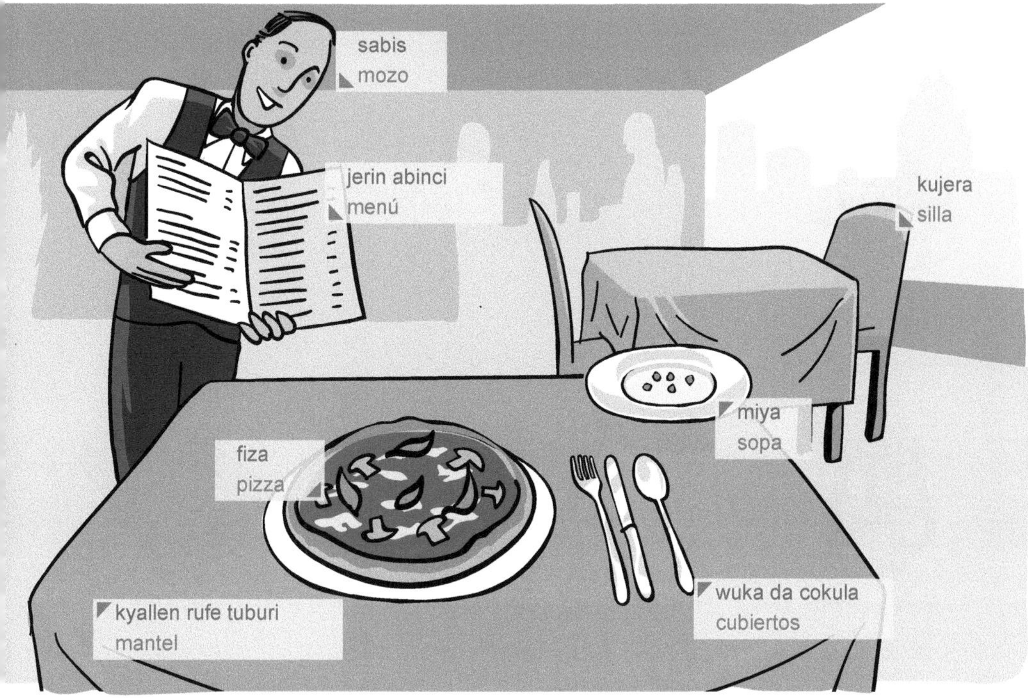
sabis
mozo
jerin abinci
menú
kujera
silla
miya
sopa
fiza
pizza
wuka da cokula
cubiertos
kyallen rufe tuburi
mantel

makunni

entrada

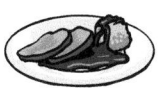

babban abinci

plato principal

kayan zaki

postre

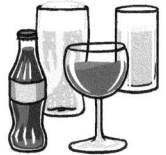

kayan sha

bebidas

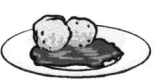

abinci

comida

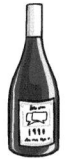

kwalba

botella

abincin tafi-da-gidanka

comida rápida

abincin titi

comida callejera

tukunyar shayi

tetera

kwanon sikari

azucarera

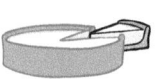

gutsire

porción

injin hada kofi

cafetera expreso

kujera mai tudu

sillita alta

doka

cuenta

tire

bandeja

wuka

cuchillo

cokali mai yatsu

tenedor

cokali

cuchara

cokalin shayi

cucharita

kyallen cin abinci

servilleta

gilashi

vaso

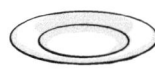

faranti

plato

farantin miya

plato hondo

farantin kofi

plato

hadin dandano

salsa

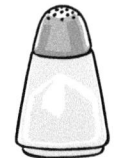

mazubin gishiri

salero

abin nikan yaji

molinillo de pimienta

lamurje

vinagre

mai

aceite

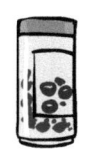

kayan dandano

especias

miyar tumatir

kétchup

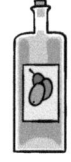

mustad

mostaza

mayonnaise

mayonesa

babban kanti
supermercado

tayin musamman
oferta especial
FOR
abokin ciniki
cliente
matatsar nono
lácteos
kayan marmari
fruta
abin daukar kaya
changuito

BUTCHERS

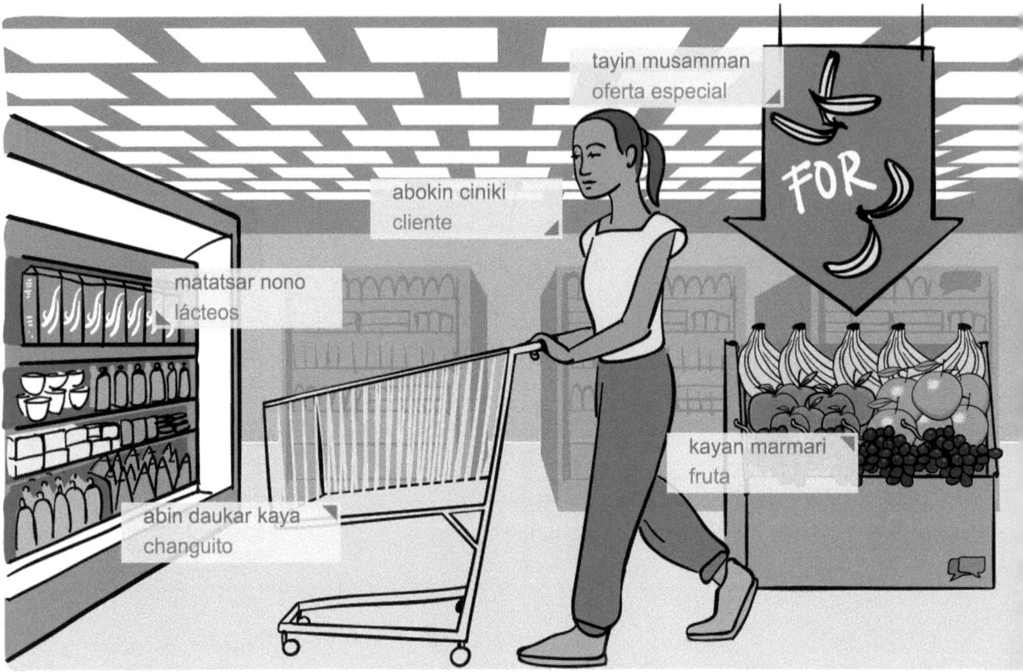

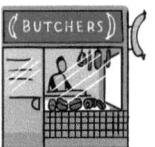

na mahauci
carnicería

BAKERY

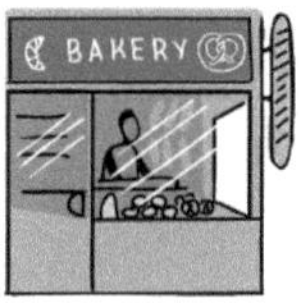

shagon mai burodi
panadería

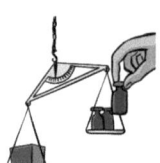

auna nauyi
pesar

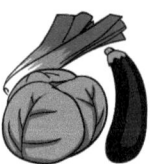

kayan lambu
verduras

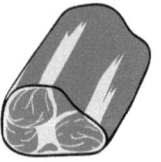

nama
carne

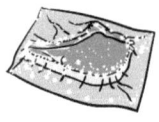

darkararren abinci
alimentos congelados

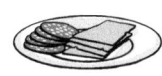

nama mai sanyi

fiambres

abincin gwangwani

alimentos enlatados

garin sabulun wanki

detergente en polvo

alewa

golosinas

kayan amfanin gida

electrodomésticos

kayan tsafta

productos de limpieza

mai sayarwa

vendedora

haro

caja

mai biyan kudi

cajero

jerin kayan sayayya

lista de compras

sa'o'in budewa

horario de atención

alabe

billetera

katin banki

tarjeta de crédito

jaka

cartera

jakar roba

bolsa de plástico

ruwa

agua

ruwan 'ya'yan itace

jugo

madara

leche

coke

bebida cola

barasa

vino

giya

cerveza

barasa

alcohol

koko

cacao

shayi

té

kofi

café

bakin kofi

café expreso

kofi mai madara

cappuccino

ayaba

banana

tufa

manzana

lemon zaki

naranja

kankana

melón

lemon tsami

limón

karas

zanahoria

tafarnuwa

ajo

gora

bambú

albasa

cebolla

kunnen-jaki

champiñón

dangin gyada

nueces

dangin taliya

fideos

sufageti

tallarines

shinkafa

arroz

man salak

ensalada

sala-sala

papas fritas

soyayyen dankali

papas fritas

fiza

pizza

hambaga

hamburguesa

sanwich

sándwich

kwan nama

churrasco

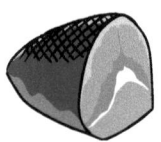

naman alade

jamón

salami

salame

kilishin turawa

salchicha

kaza

pollo

gashi

asado

kifi

pescado

kamun oats

copos de avena

muesli

muesli

kwamfiles

copos de maíz

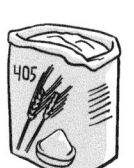

fulawa

harina

fanke

medialuna

yankan burodi

pancito

burodi

pan

gashi

tostada

biskit

galletitas

bota

manteca

man shanu

cuajada

kek

torta

kwai

huevo

soyayyen kwai

huevo frito

cuku

queso

askirim

helado

sikari

azúcar

zuma

miel

jam

mermelada

cakuletin shafawa

pasta de chocolate

kori

curry

gona
granja

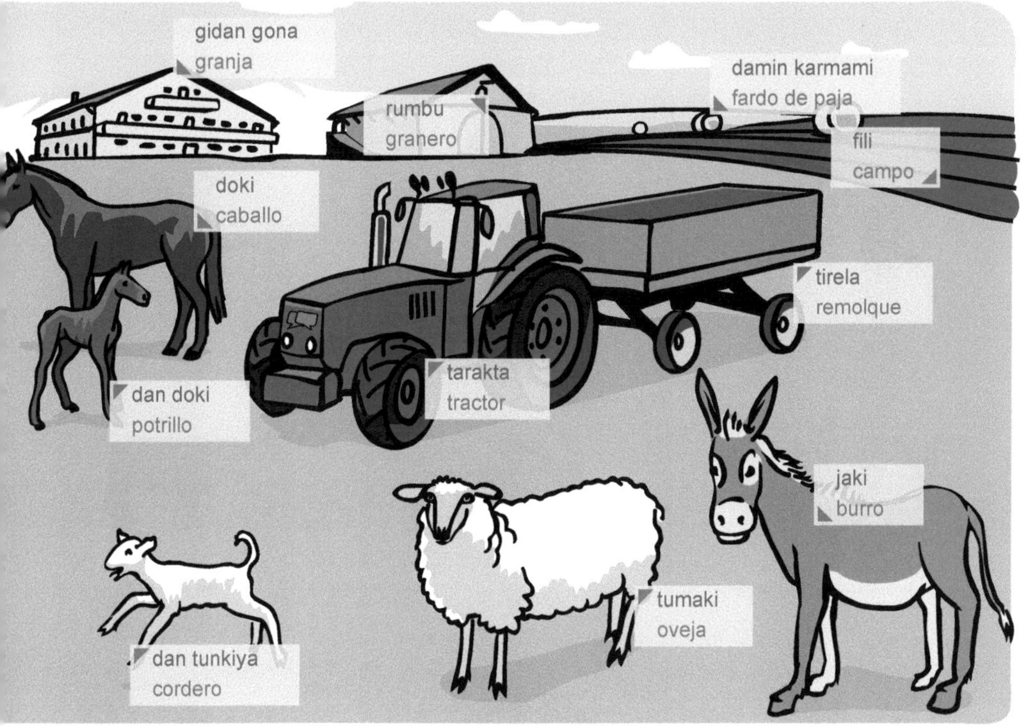

gidan gona
granja
rumbu
granero
damin karmami
fardo de paja
fili
campo
doki
caballo
tirela
remolque
dan doki
potrillo
tarakta
tractor
jaki
burro
tumaki
oveja
dan tunkiya
cordero

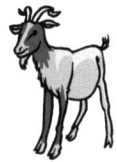

akuya
cabra

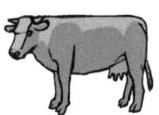

saniya
vaca

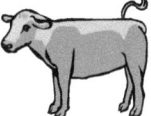

maraki
ternero

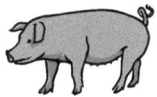

alade
cerdo

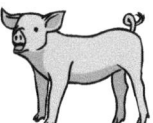

dan alade
lechón

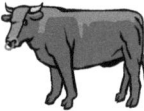

bajimi
toro

dinya

ganso

agwagwa

pato

dan tsako

pollo

kaza

gallina

zakara

gallo

bera

rata

kyanwa

gato

bera

ratón

takarkari

buey

kare

perro

dakin kare

cucha

bututun lambu

manguera

bokitin ban-ruwa

regadera

ashasha

guadaña

garma

arado

lauje
hoz

fartanya
azada

cebur mai yatsu
horquilla

gatari
hacha

wilbaro
carretilla

mazubin abincin dabbobi
abrevadero

gwangwanin madara
lechera

buhu
bolsa

shinge
reja

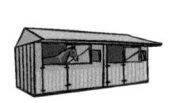

barga
establo

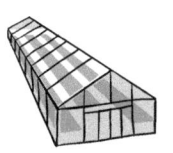

koren-gida
invernadero

rairai
suelo

iri
semilla

taki
fertilizador

injin girbi da sussuka
cosechadora

girbe

cosechar

girbi

cosecha

doya

batatas

alkama

trigo

waken soya

soja

dankali

papa

dawa

maíz

furen mai

semilla de colza

bishiyar kayan marmari

árbol frutal

rogo

mandioca

hatsi

cereales

gida

casa

bututun hayaki
chimenea
rufin daki
techo
bututun magudana
caño de desagüe
taga
ventana
gareji
garaje
kararrawar kofa
timbre
kofa
puerta
kwandon shara
tacho de basura
akwatin wasiku
buzón
lambu
jardín

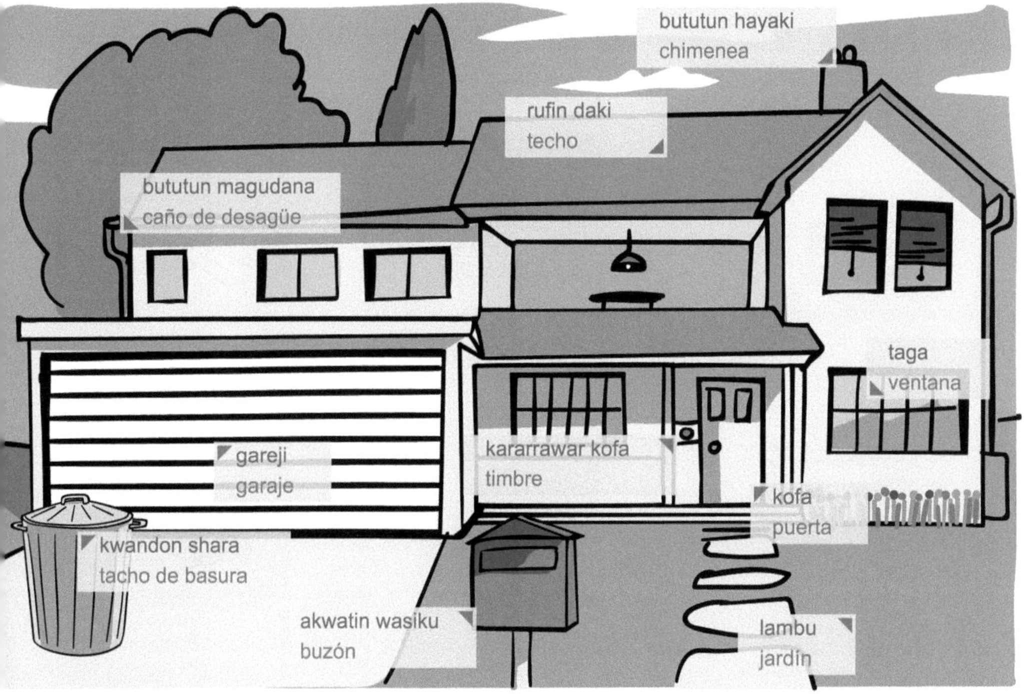

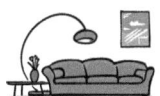

falo

living

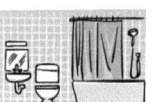

dakin wanka

baño

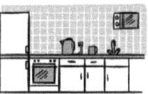

kicin

cocina

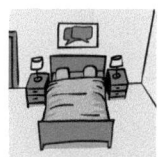

dakin kwana

dormitorio

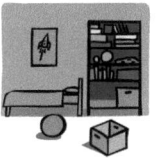

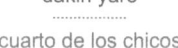

dakin yaro

cuarto de los chicos

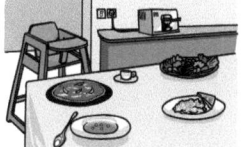

dakin cin abinci

comedor

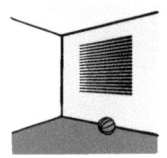

dabe

piso

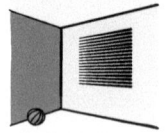

bango

pared

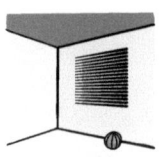

sili

cielorraso

dakin karkashin kasa

sótano

wurin wankan dumi

sauna

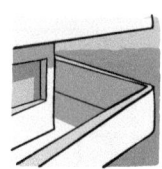

barandar bene

balcón

baranda

terraza

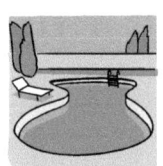

gulbin ninkaya

pileta

injin yanke ciyawa

cortadora de pasto

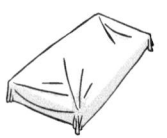

kwano

sábana

zanen gado

acolchado

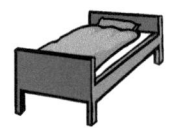

gado

cama

tsintsiya

escoba

bokiti

balde

makunni

interruptor

falo
living

takardar bango
empapelado
hoto
imagen
fitila
lámpara
kantar littattafai
estante
kabed
armario
talbijin
televisión
wurin wuta
chimenea
fure
flor
kushin
almohadón
babbar kujera
sofá
gilashin fure
florero
rimot
control remoto

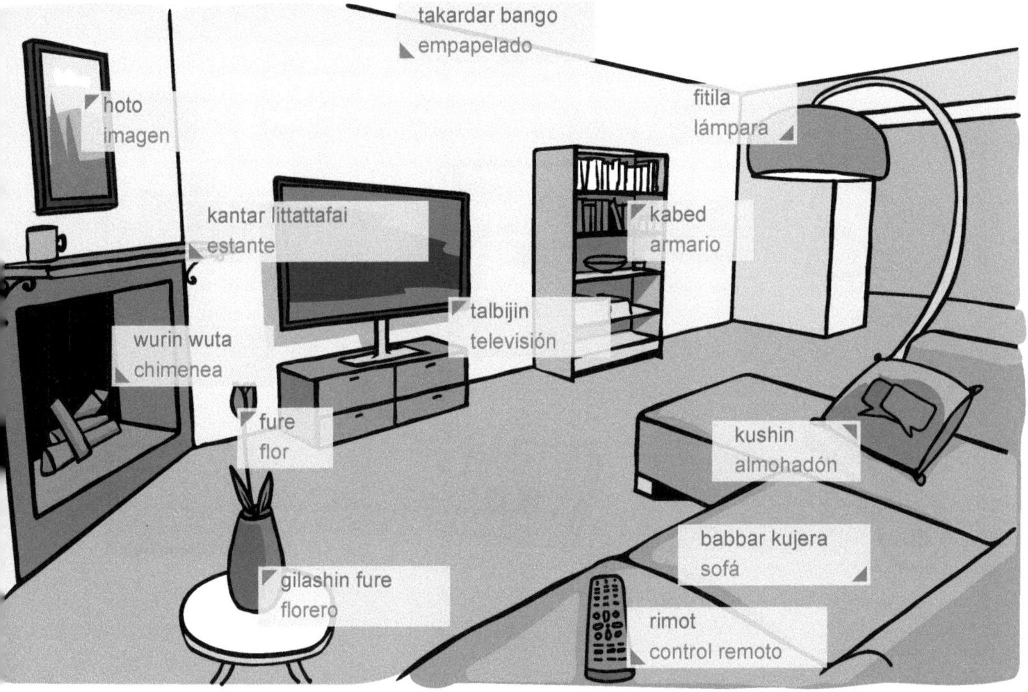

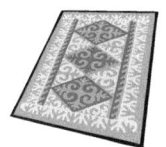

darduma

alfombra

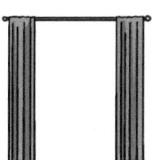

labule

cortina

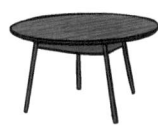

teburi

mesa

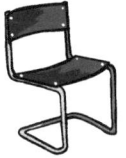

kujera

silla

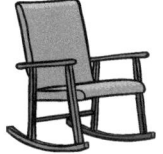

kujera mai shillo

mecedora

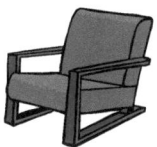

kujera mai hannu

sillón

littafi

libro

bargo

frazada

kwalliya

decoración

itacen girki

leña

fim

película

kayan hi-fi

equipo de música

makulli

llave

jarida

diario

zanen fenti

pintura

fasta

póster

rediyo

radio

takardar rubutu

cuaderno

na'urar share darduma

aspiradora

murtsunguwa

cactus

kyandir

vela

kicin
cocina

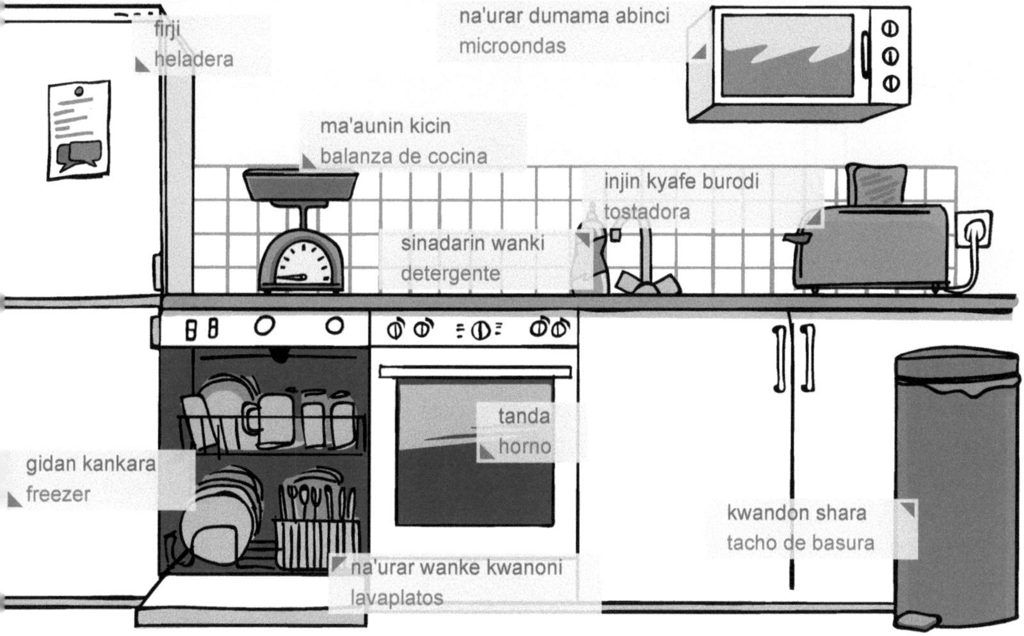

firji
heladera
na'urar dumama abinci
microondas
ma'aunin kicin
balanza de cocina
injin kyafe burodi
tostadora
sinadarin wanki
detergente
tanda
horno
gidan kankara
freezer
kwandon shara
tacho de basura
na'urar wanke kwanoni
lavaplatos

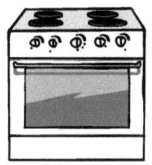

cooker

cocina

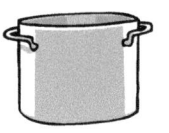

tukunya

olla

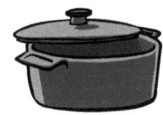

tukunyar alminiyum

olla de hierro fundido

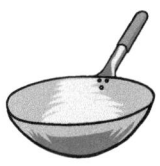

kwanon suya

wok

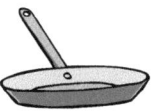

kwanan suya

sartén

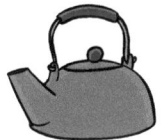

buta

pava

tukunyar dumi

vaporera

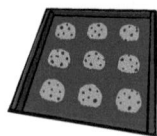

kwanan gashi

bandeja de horno

kayan tangaran

vajilla

tambulan

taza

kwano

bol

tsinkayen cin abinci

palitos

ludayi

cucharón

ludayin suya

estpátula

makadin kwai

batidora

rariya

colador

mataci

colador

na'urar nika

rallador

turmi

mortero

balangu

parrilla

wutar sarari

fogata

katakon yanke-yanke

tabla de picar

katakon murji

palo de amasar

mabudin kwalba

sacacorchos

gwangwani

lata

mabudin gwangwani

abrelatas

hannun tukunya

manopla

wurin wanke-wanke

pileta

burushi

cepillo

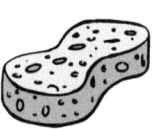

soso

esponja

bilenda

batidora

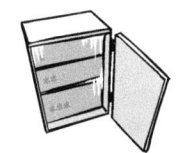

babban gidan kankara

congelador

bulumboti

mamadera

famfo

canilla

dakin wanka
baño

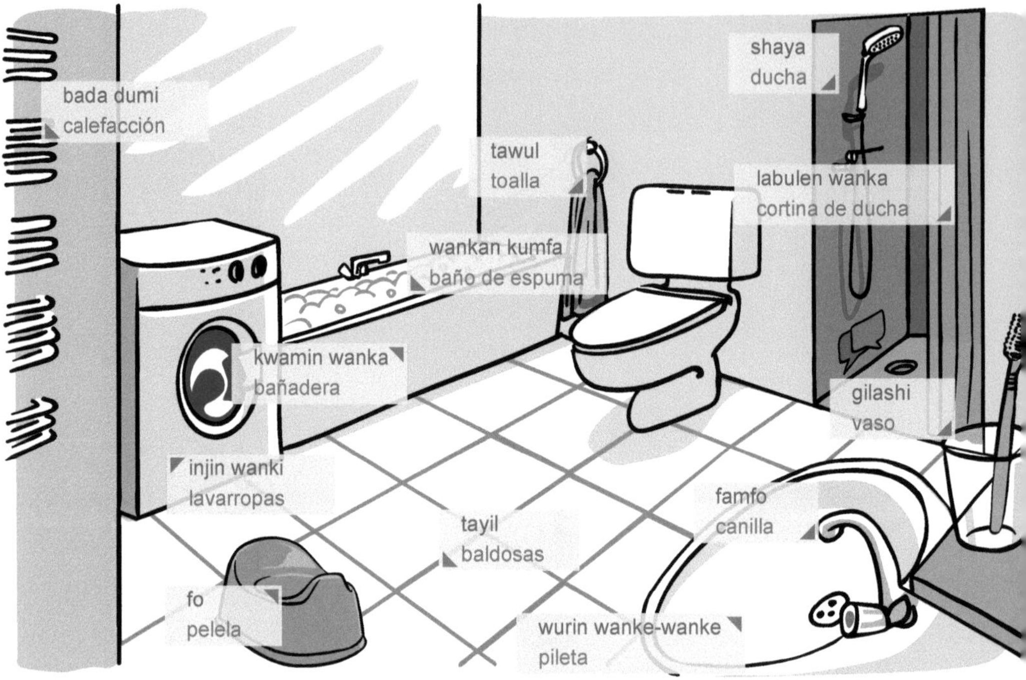

bada dumi
calefacción
shaya
ducha
tawul
toalla
labulen wanka
cortina de ducha
wankan kumfa
baño de espuma
kwamin wanka
bañadera
gilashi
vaso
injin wanki
lavarropas
famfo
canilla
tayil
baldosas
fo
pelela
wurin wanke-wanke
pileta

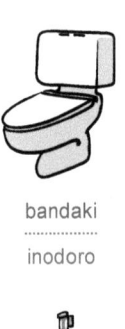

bandaki

inodoro

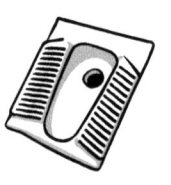

bandakin tsuguno

letrina

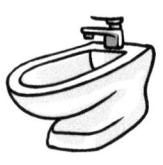

kwamin tsarki

bidé

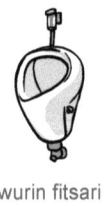

wurin fitsari

mingitorio

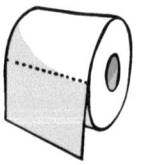

takardar bandaki

papel higiénico

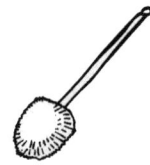

burushin bandaki

cepillo para el inodoro

burushin hakori

cepillo de dientes

man hakori

dentífrico

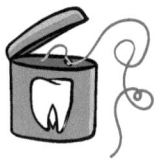

zaren sakace

hilo dental

wanke

lavar

shayar hannu

ducha de mano

wankin farji

ducha higiénica

kwamin wanke hannu

palangana

burushin wanke baya

cepillo para espalda

sabulu

jabón

ruwan sabulun wanka

gel de ducha

man gyaran gashi

shampoo

tsumman wanka

toallita

lambatu

desagüe

kirim

crema

turaren kamshi

desodorante

madubi

espejo

madubin hannu

espejito

reza

maquinita de afeitar

man yaran fuska

espuma de afeitar

man aski

aftershave

mataji

peine

burushi

cepillo

na'urar busar da gashi

secador de pelo

man gashi

spray

kwalliya

maquillaje

jan-baki

lápiz de labios

man farce

esmalte para uñas

audugar goge kunne

algodón

almakashin yankan farce

tijera para uñas

turare

perfume

jakar wanka

portacosméticos

bahaya

banqueta

ma'aunin nauyi

balanza

rigar wanka

bata

safar roba

guantes de goma

audugar haila

tampón

audugar mata

toallita femenina

bandakin tafi-da-gidanka

baño químico

dakin yaro
cuarto de los chicos

agogo mai kararrawa
despertador
yartsanar tsumma
peluche
motar wasan yara
coche de juguete
kara
sonajero
gidan 'yartsana
casa de muñecas
kyauta
regalo

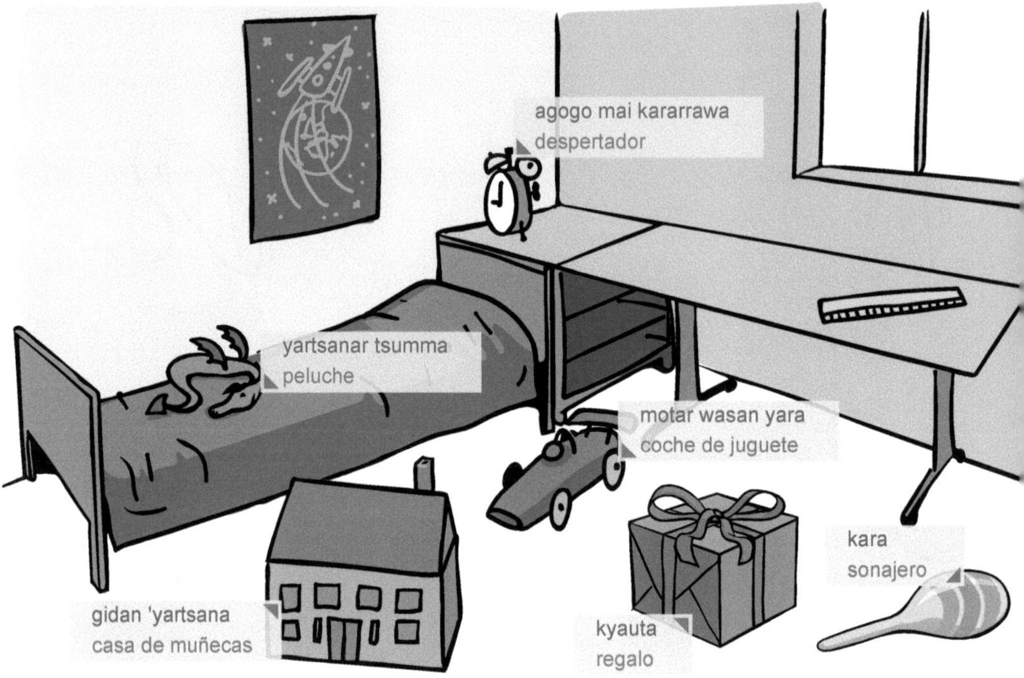

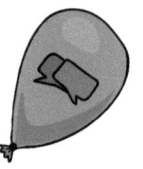

balo

globo

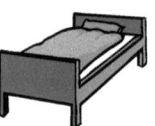

gado

cama

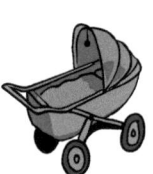

keken jarirai

cochecito

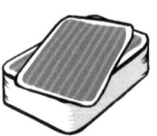

benen kwalaye

cartas

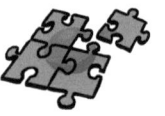

wasa kwakwalwa

rompecabezas

SUPER
MEGA

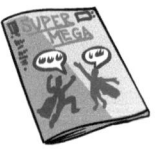

ban dariya

historieta

tubalan roba

piezas de lego

tubalan gini

ladrillos de juguete

mutum-mai-aiki

figura de acción

rigar jariri

enterito (de bebé)

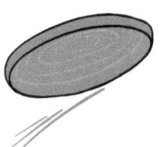

Dokin iska

frisbee

tafi-da-gidanka

móvil para bebés

wasan dara

juego de mesa

dan ludo

dados

zubin kwatancin jirgin kasa

tren eléctrico

mutum-mutumi

chupete

walima

fiesta

littafi mai hotuna

libro de cuentos ilustrado

kwallo

pelota

yartsana

muñeca

yi wasa

jugar

akwatin yashi

arenero

lilo

hamaca

kayan wasan yara

juguetes

allon wasannin bidiyo

consola de videojuegos

babur mai taya uku

triciclo

yartsanar tsumma

osito de peluche

wadirob

armario

tufafi

ropa

safa

medias

sitokins

medias panty

matse-jiki

calzas

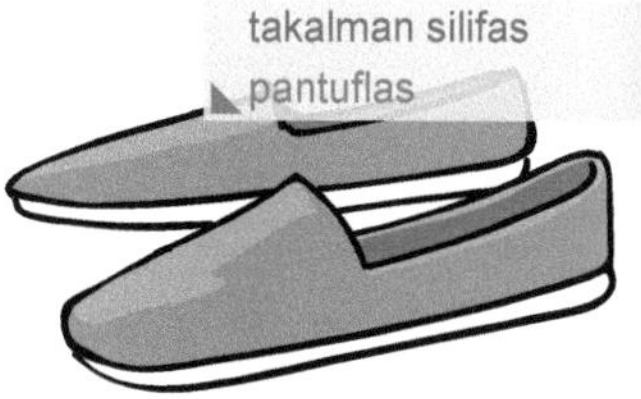

adiko
bufanda

lema
paraguas

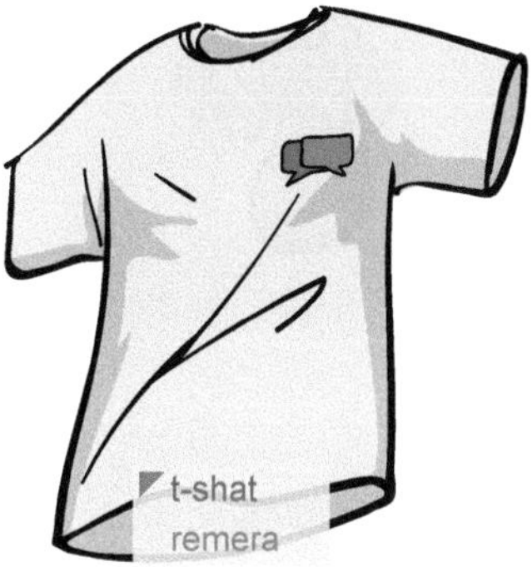

belet
cinturón

t-shat
remera

takalman aiki
botas

takalman silifas
pantuflas

takalman wasa
zapatillas

takalman sandal
....
sandalias

takalma
....
zapatos

takalman roba
....
botas de goma

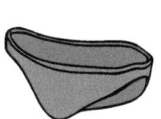

kamfai
....
ropa interior

rigar nono
....
corpiño

falmaran
....
chaleco

jiki

body

wando

pantalones

jeans

jeans

dantofi

pollera

rigar mata

blusa

karamar riga

camisa

riga mai hula

pulóver

hular riga

buzo

bileza

blazer

jaket

campera

kwat

tapado

rigar ruwa

piloto

kayan yayi

traje

kayan sawa

vestido

rigar aure

vestido de novia

kwat da wando

traje

rigar dare

camisón

kayan barci

pijama

sari

sari

dankwali

pañuelo para cabeza

rawani

turbante

hijabi

burka

kaftani

caftán

abaya

abaya

rigar iyo

traje de baño

wandon wasa

short de baño

gajeran wando

shorts

kayan wasanni

jogging

kyallen aiki

delantal

safar hannu

guantes

maballi

botón

tabarau

anteojos

awarwaro

pulsera

tsakiya

collar

zobe

anillo

dan kunne

aro

hula

gorra

maratayin kwat

percha

malafa

sombrero

lakataya

corbata

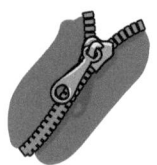

zi

cierre

hular kwano

casco

masu daidaita hakori

tiradores

kayan makaranta

uniforme escolar

yunifom

uniforme

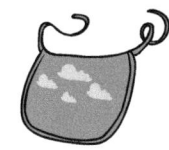

kyallen cin abincin jariri

babero

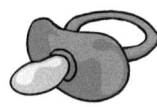

mutum-mutumi

chupete

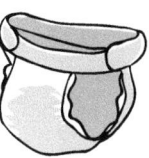

kunzugu

pañal

ofis

oficina

saba
servidor
kabed din fayiloli
archivero
takarda
papel
na'urar dab'i
impresora
fuskar kwamfuta
monitor
mouse
mouse
babban teburi
escritorio
makunshi
carpeta
allon madannai
teclado
kwandon shara
tacho (de basura)
kwamfuta
computadora
kujera
silla

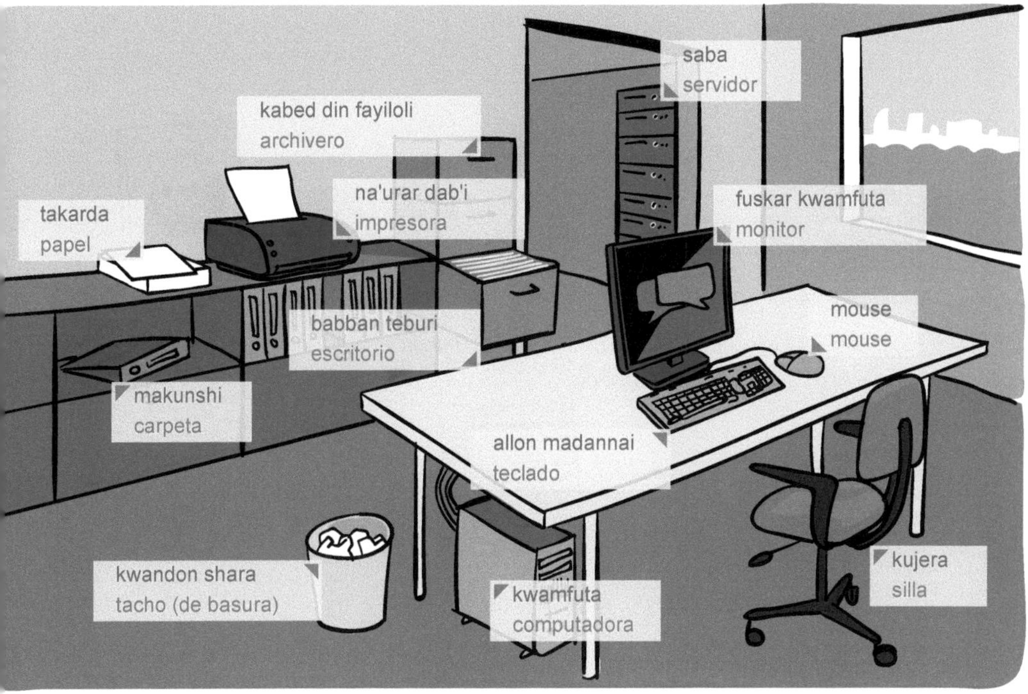

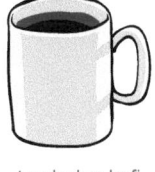

tambulan kofi

taza de café

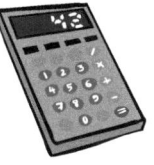

kwakuleta

calculadora

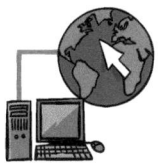

intanet

internet

laptop

laptop

wasika

carta

sako

mensaje

tafi-da-gidanka

celular

sadarwa

red

na'urar hoton takarda

fotocopiadora

kwakwalwar kwamfuta

software

tarho

teléfono

jona soket

tomacorriente

na'urar faks

fax

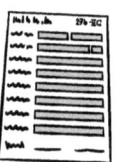

fom

formulario

daftari

documento

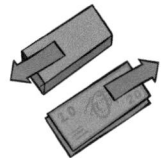

sayi

comprar

biya

pagar

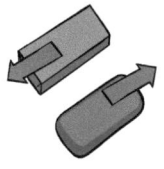

yi ciniki

hacer negocios

kudi

dinero

USD

dala

dólar

EUR

euro

euro

 JPY

yen

yen

RUB

robul

rublo

 CHF

franc na Swiss

franco suizo

CNY

renminbi yuan

yuan

 INR

rupee

rupia

injin bada kudi

cajero automático

gidan canjin kudi

casa de cambio

zinare

oro

azurfa

plata

mai

petróleo

makamashi

energía

farashi

precio

matuntuba

contrato

haraji

impuesto

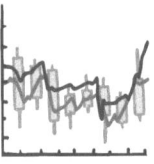

kaya

acción

yi aiki

trabajar

ma'aikaci

empleado

mai daukar ma'aikata

empleador

masana'anta

fábrica

kanti

negocio

sana'o'i
ocupaciones

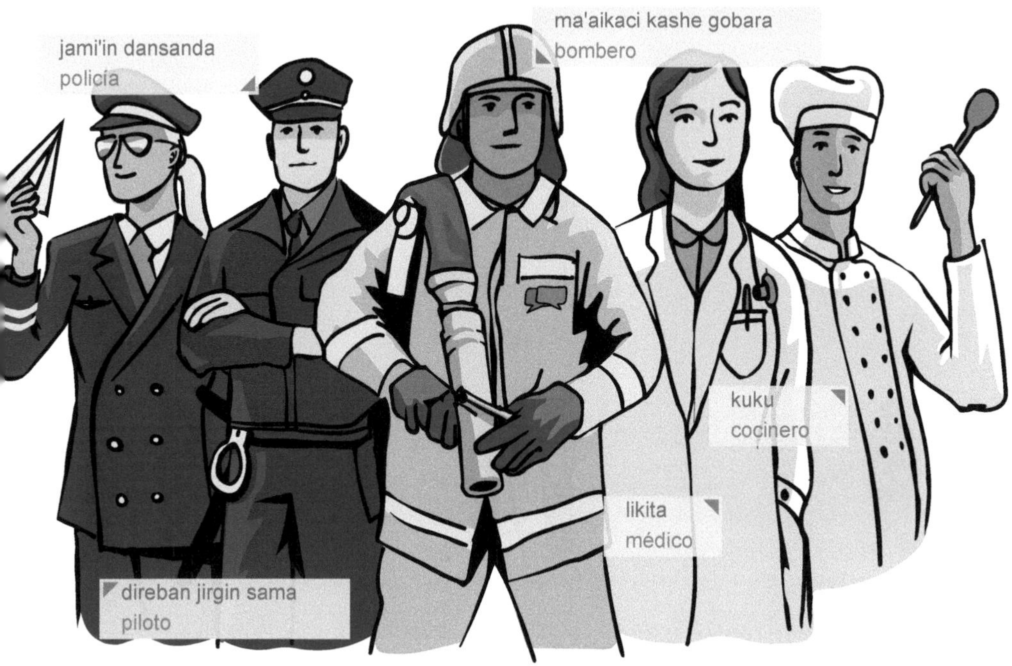

ma'aikaci kashe gobara
bombero
jami'in dansanda
policía
kuku
cocinero
likita
médico
direban jirgin sama
piloto

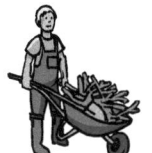

mai aikin lambu

jardinero

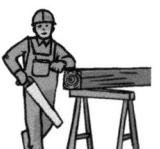

kafinta

carpintero

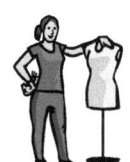

mace mai dinki

modista

alkali

juez

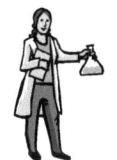

mai hada magunguna

farmacéutico

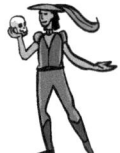

jarumi

actor

direban bas

colectivero

direban tasi

taxista

masunci

pescador

mace mai shara

mucama

mai aikin rufi

techista

sabis

mozo

mafarauci

cazador

mai fenti

pintor

mai yin burodi

panadero

mai gyaran lantarki

electricista

magini

albañil

injiniya

ingeniero

mahauci

carnicero

mai gyaran famfo

plomero

mai raba wasiku

cartero

soja

soldado

mai zayyanar gidaje

arquitecto

mai biyan kudi

cajero

mai sayar da furanni

florista

mai gyaran gashi

peluquero

mai kida

cobrador

bakanike

mecánico

kyaftin

capitán

likitan hakori

dentista

masanin kimiyya

científico

limamin yahudu

rabino

liman

imán

mai ibadar kirista

monje

malamin addini

sacerdote

kayan aiki

herramientas

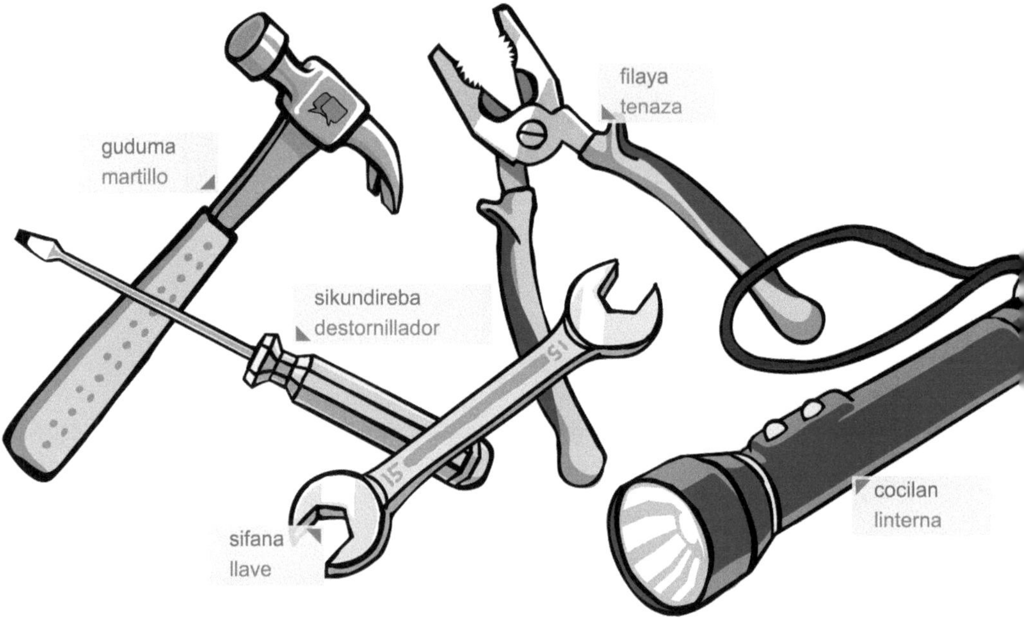
filaya
tenaza
guduma
martillo
sikundireba
destornillador
sifana
llave
cocilan
linterna

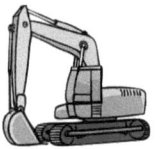

diga

excavadora

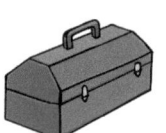

akwatin kayan aiki

caja de herramientas

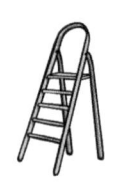

tsani

escalera portátil

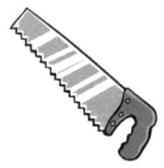

zarto

sierra

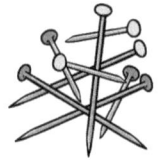

kusoshi

clavos

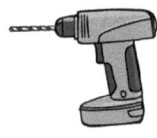

abin hudawa

taladro

gyara
arreglar

chebur
pala de jardín

Tafdi!
¡Qué bronca!

makwashin shara
pala de plástico

tukunyar fenti
tacho de pintura

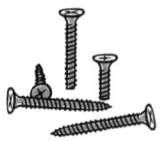

kusoshi masu barima
tornillos

kayan kida
instrumentos musicales

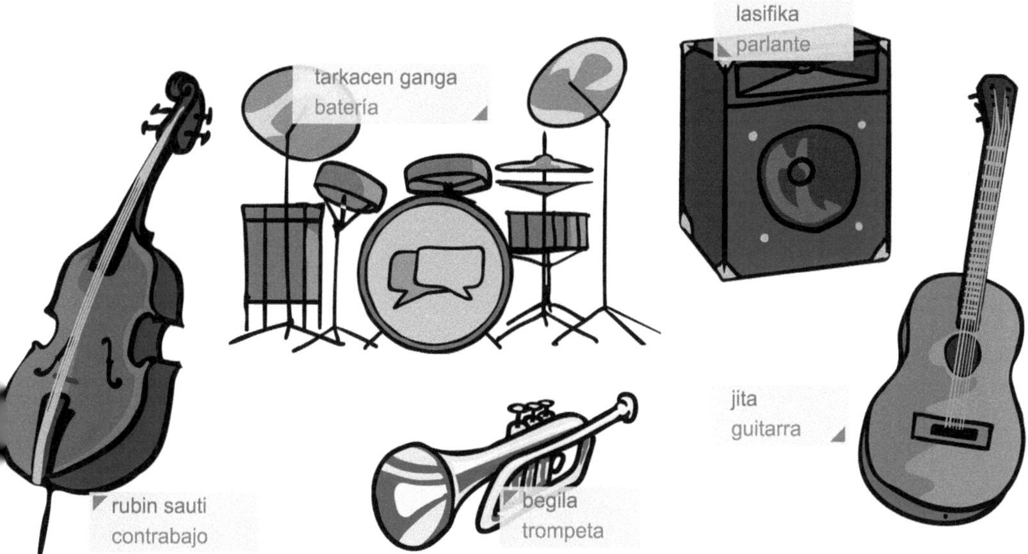

tarkacen ganga
batería

lasifika
parlante

jita
guitarra

rubin sauti
contrabajo

begila
trompeta

fiyano

piano

goge

violín

karamin sauti

bajo

gangunan timpani

timbales

ganguna

tambor

masarrafin fiyano

teclado

saxophone

saxofón

sarewa

flauta

makirfo

micrófono

gidan namun daji
zoológico

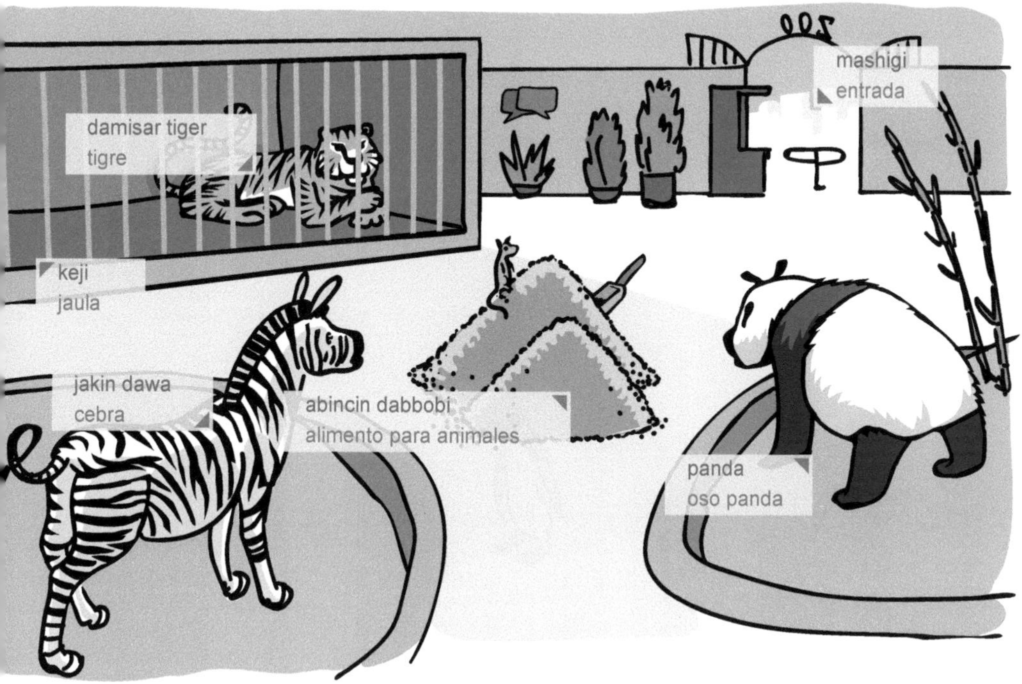
mashigi
entrada
damisar tiger
tigre
keji
jaula
jakin dawa
cebra
abincin dabbobi
alimento para animales
panda
oso panda

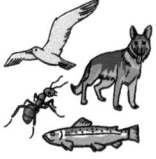

dabbobi
....
animales

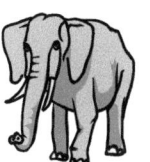

giwa
....
elefante

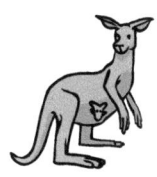

babba-da-jaka
....
canguro

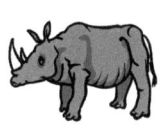

karkanda
....
rinoceronte

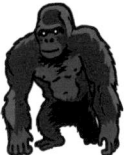

goggon biri
....
gorila

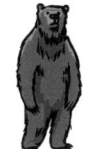

dabbar bear
....
oso

rakumi

camello

jimina

avestruz

zaki

león

biri

mono

dinya

flamenco

aku

loro

bear ta yankin kankara

oso polar

penguin

pingüino

kifin shark

tiburón

dawisu

pavo real

maciji

serpiente

kada

cocodrilo

mai tsaro zu

cuidador del zoológico

seal

foca

damisar jaguar

jaguar

dukushi

poni

damisar leopard

leopardo

mugun dawa

hipopótamo

rakumin dawa

jirafa

mikiya

águila

aladen daji

jabalí

kifi

pescado

kunkuru

tortuga

walrus

morsa

dila

zorro

barewa

gacela

kwallon kafar Amurka
fútbol americano

tseren keke
ciclismo

wasan tennis
tenis

kwallon kwando
básquet

ninkaya
natación

dambe
boxeo

kwallon gora na cikin ka
hockey sobre hielo

kwallon kafa
fútbol

badiminton
bádminton

wasannin motsa jiki
atletismo

kwallon hannu
handball

wasan kan kankara
esquí

kwallon dawaki
polo

yi dariya
reír

yi tsalle
saltar

rungumi
abrazar

yi tattaki
caminar

rera waka
cantar

mafarki
soñar

yi addu'a
rezar

sumbaci
besar

rubuta
escribir

zana
dibujar

nuna
mostrar

tura
presionar

bayar
dar

dauki
tomar

sami

tener

yi

hacer

kasance

ser

tsaya

estar parado

gudu

correr

jawo

tirar

jefa

tirar

faduwa

caer

yi karya

estar acostado

jira

esperar

dauki

llevar

zauna

estar sentado

sanya tufafi

vestirse

yi barci

dormir

farka

despertar

kalli
mirar

kuka
llorar

bugi
acariciar

taje
peinar

yi magana
hablar

fahimci
entender

tambayi
preguntar

saurari
escuchar

sha
beber

ci
comer

tattare
ordenar

yi soyayya
amar

dafa
cocinar

yi tuki
manejar

tashi
volar

tafi a kwalekwale

navegar

kwakuleta

calcular

karanta

leer

koyi

aprender

yi aiki

trabajar

yi aure

casarse

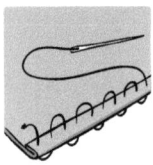

dinka

coser

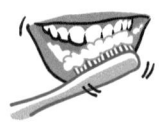

goge hakora

cepillarse los dientes

kashe

matar

busa taba

fumar

aika

enviar

iyali
familia

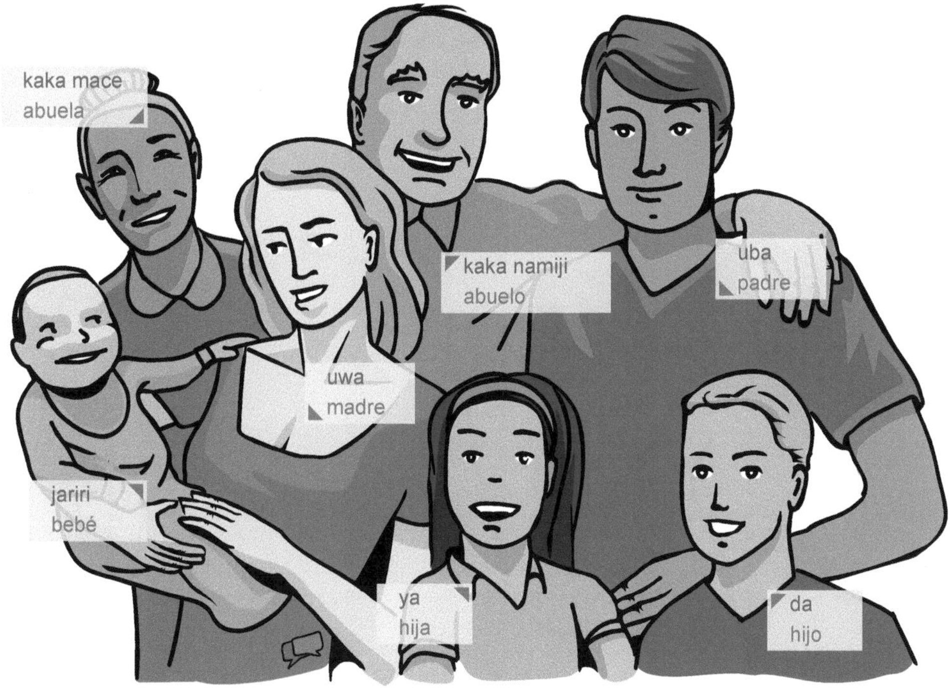

kaka mace
abuela
kaka namiji
abuelo
uba
padre
uwa
madre
jariri
bebé
ya
hija
da
hijo

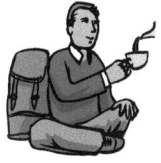

bako
invitado

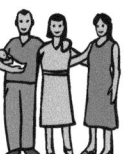

gwaggo
tía

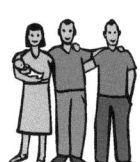

kawu
tío

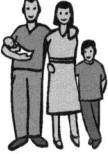

dan'uwa
hermano

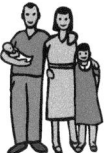

yar'uwa
hermana

jiki

cuerpo

goshi
frente
ido
ojo
kafada
hombro
yatsa
dedo
fuska
cara
ha'ba
pera
hannu
mano
kafa
pierna
nono
pecho
damtse
brazo

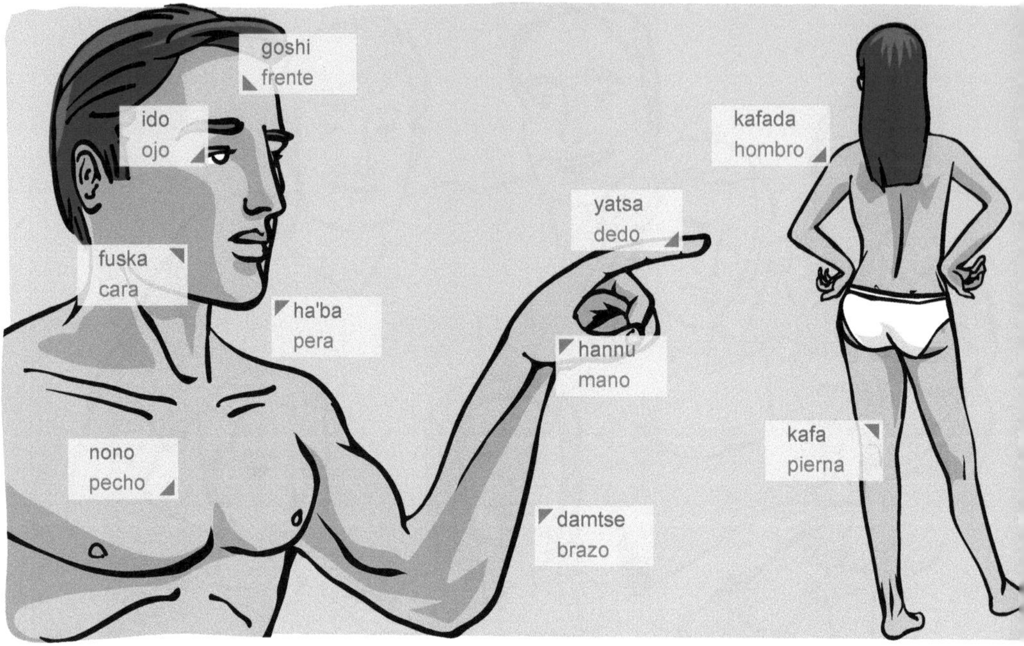

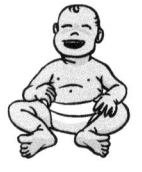

jariri
bebé

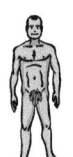

mutum
hombre

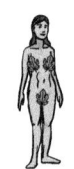

mace
mujer

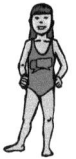

yarinya
nena

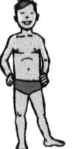

yaro
nene

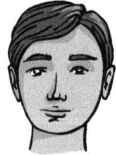

kai
cabeza

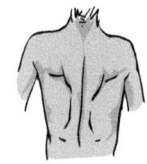

baya

espalda

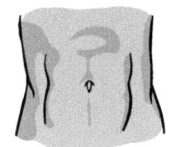

tulun ciki

panza

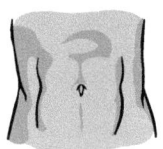

maballin ciki

ombligo

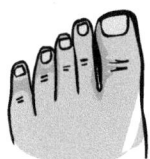

yatsan kafa

dedo del pie

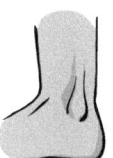

dudduge

talón

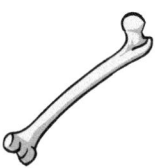

kashi

hueso

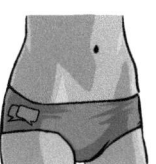

kugu

cadera

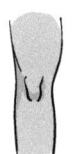

guiwa

rodilla

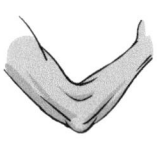

guiwar hannu

codo

hanci

nariz

kasa

cola

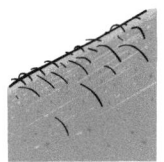

fata

piel

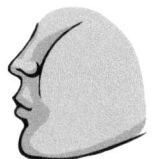

kumatu

cachete

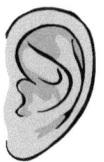

kunne

oreja

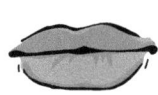

lebe

labio

wata

boca

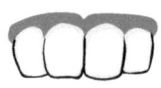

hakori

diente

harshe

lengua

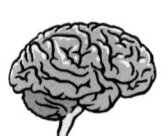

kwakwalwa

cerebro

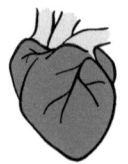

zuciya

corazón

kwanji

músculo

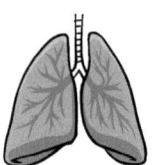

huhu

pulmón

hanta

hígado

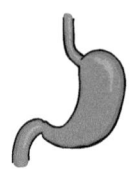

ciki

estómago

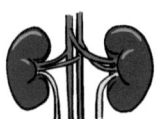

koda

riñones

jima'i

sexo

kwaroron roba

preservativo

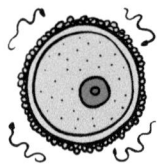

kwan mahaifa

óvulo

maniyyi

semen

juna-biyu

embarazo

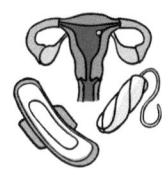

haila

menstruación

farji

vagina

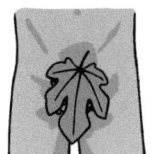

zakari

pene

gira

ceja

gashi

pelo

wuya

cuello

asibiti
hospital

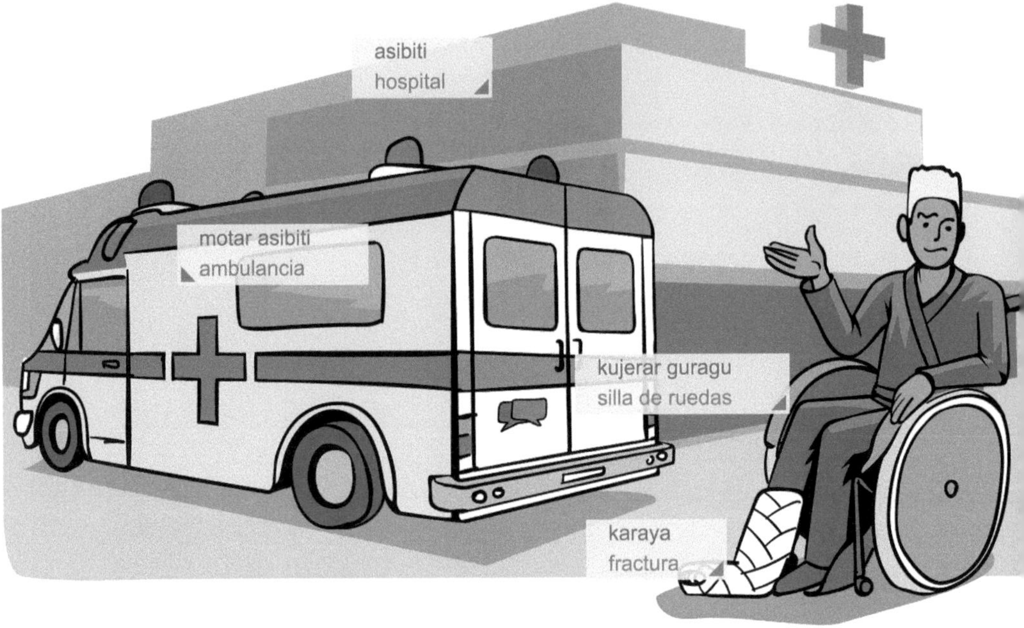

asibiti
hospital
motar asibiti
ambulancia
kujerar guragu
silla de ruedas
karaya
fractura

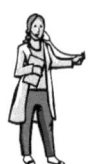

likita

médico

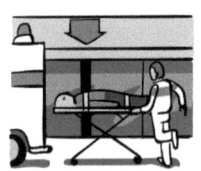

dakin kulawar gaggawa

sala de guardia

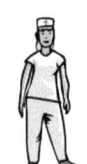

ma'aikaciyar jinya

enfermera

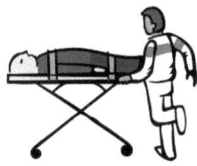

na gaggawa

emergencia

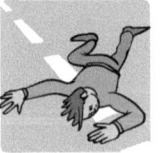

magashiyyan

inconsciente

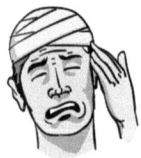

radadi

dolor

rauni

lesión

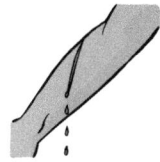

zubar jini

hemorragia

bugun zuciya

infarto

bugun jini

ACV

kyan-jiki

alergia

tari

tos

zazzabi

fiebre

mura

gripe

gudawa

diarrea

ciwon kai

dolor de cabeza

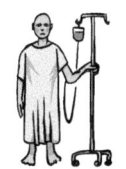

cutar sankara

cáncer

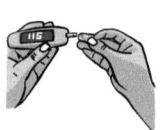

ciwon suga

diabetes

likitan tiyata

cirujano

wukar likita

bisturí

tiyata

operación

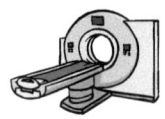

CT
TC

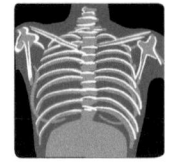

hoton kirji
rayos x

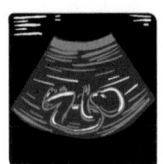

hoton ciki
ecografía

marufin fuska
barbijo

cuta
enfermedad

dakin jira
sala de espera

madogari
muleta

filasta
curita

bandeji
venda

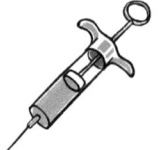

allura
inyección

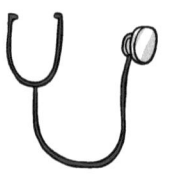

na'urar awon zuciya
estetoscopio

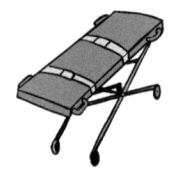

gadon daukar marar lafiya
camilla

na'urar auna zafin jiki
termómetro

haihuwa
nacimiento

yawan nauyi
sobrepeso

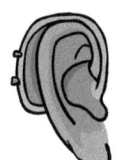

abin kara ji

audífono

sinadarin kashe kwayoyin cuta

desinfectante

kamuwar cuta

infección

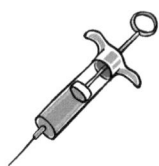

kwayar cuta

virus

Cutar Kanjamau

VIH / SIDA

magani

remedio

riga-kafi

vacunación

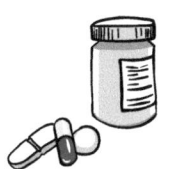

kwayoyin magani

comprimidos

magani

pastilla anticonceptiva

kiran gaggawa

llamada de emergencia

ma'aunin hawan jini

tensiómetro

cuta / lafiya

enfermo / sano

Taimako!

¡Ayuda!

kararrawa

alarma

farmaki

agresión

hari

ataque

hatsari

peligro

kofar ko-takwana

salida de emergencia

Wuta!

¡Fuego!

abin kashe wuta

matafuego

hadari

accidente

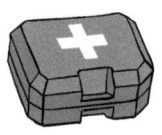

kayan taimakon gaggawa

botiquín de primeros
auxilios

Neman taimako

SOS

dansanda

policía

Turai

Europa

Amurka ta Arewa

América del Norte

Amurka ta Kudu

América del Sur

Afirka

África

Asiya

Asia

Australia

Australia

Atlantika

Atlántico

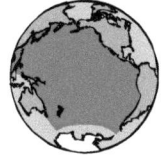

Pacific

Pacífico

Tekun Indiya

Océano Índico

Tekun Antatika

Océano Antártico

Tekun Arctic

Océano Ártico

Barin duniya na Arewa

polo norte

Barin duniya na Kudu

polo sur

Antatika

Antártida

Kasa

Tierra

tsandauri

tierra

kogi

mar

tsibiri

isla

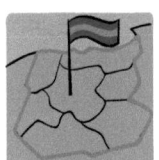

kasa

nación

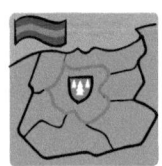

jiha

estado

fuskar agogo

esfera

hannun awa

manecilla de las horas

hannun mintuna

minutero

hannun dakika

segundero

Karfe nawa yanzu?

¿Qué hora es?

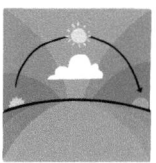

rana

día

lokaci

hora

yanzu

ahora

agogon dijita

reloj digital

minti

minuto

awa

hora

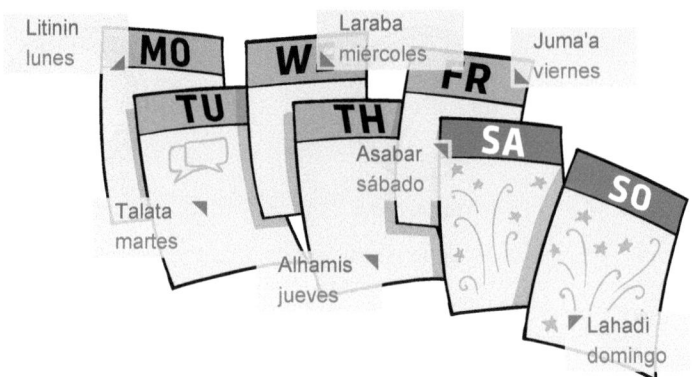

Litinin / lunes — MO

Talata / martes — TU

Laraba / miércoles — W

Alhamis / jueves — TH

Juma'a / viernes — FR

Asabar / sábado — SA

Lahadi / domingo — SO

jiya

ayer

yau

hoy

gobe

mañana

safiya

mañana

tsakar rana

mediodía

yamma

tarde

MO	TU	WE	TH	FR	SA	SU
1	2	3	4	5	6	7
8	9	10	11	12	13	14
15	16	17	18	19	20	21
22	23	24	25	26	27	28
29	30	31	1	2	3	4

ranakun kasuwanci

días hábiles

MO	TU	WE	TH	FR	SA	SU
1	2	3	4	5	6	7
8	9	10	11	12	13	14
15	16	17	18	19	20	21
22	23	24	25	26	27	28
29	30	31	1	2	3	4

karshen mako

fin de semana

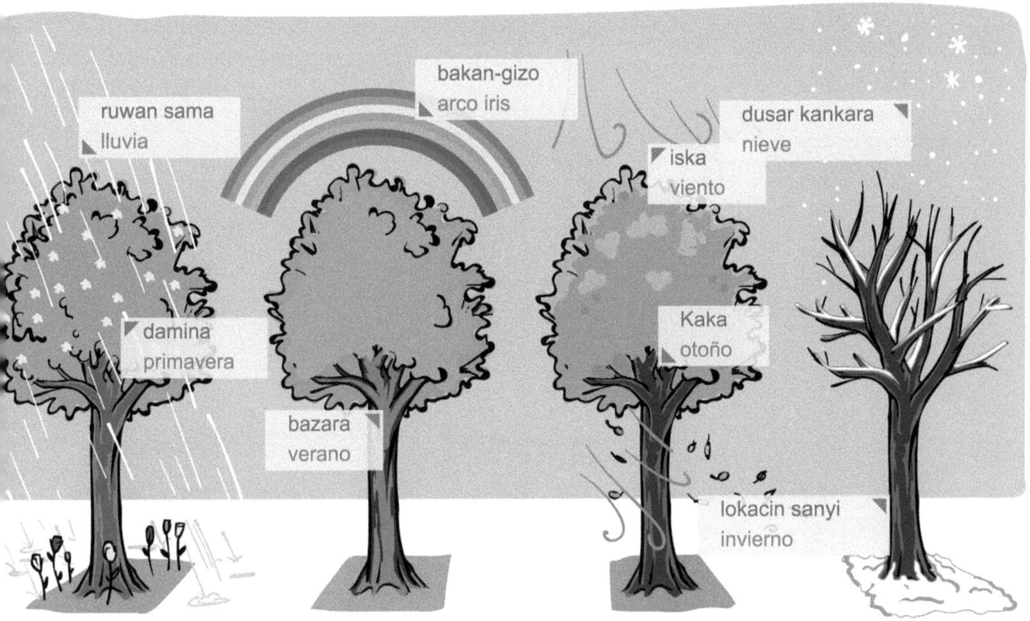

ruwan sama
lluvia
bakan-gizo
arco iris
dusar kankara
nieve
iska
viento
damina
primavera
Kaka
otoño
bazara
verano
lokacin sanyi
invierno

4.APRIL 11°
5.APRIL 4°
6.APRIL 13°
7.APRIL 8°
8.APRIL 10°

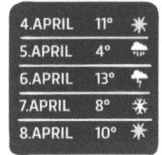

hasashen yanayi

pronóstico meteorológico

F C
120 40
90 30
60 20
30 10
0 0
-30 -10
-20

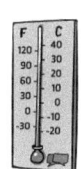

na'urar gwajin zafi da sanyi

termómetro

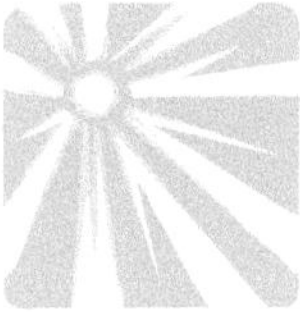

hasken rana

luz del sol

gajimare

nube

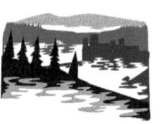

hazo

niebla

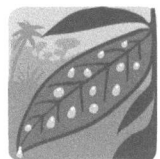

dumi

humedad

walkiya

rayo

aradu

trueno

guguwa

tormenta

kankarar ruwan sama

granizo

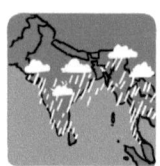

iskar bazara

monzón

ambaliyar ruwa

inundación

kankara

hielo

Janairu

enero

Fabarairu

febrero

Maris

marzo

Afirilu

abril

Mayu

mayo

Yuni

junio

Yuli

julio

Agusta

agosto

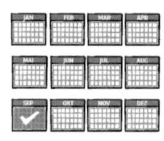

Satumba

septiembre

Oktoba

octubre

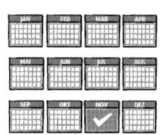

Nuwamba

noviembre

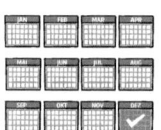

Disamba

diciembre

siffofi
formas

da'ira

círculo

murabba'i

cuadrado

kusurwa hudu

rectángulo

kusurwa uku

triángulo

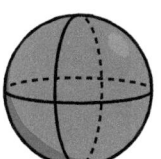

mulmulalle

esfera

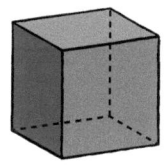

dunkule

cubo

fari

blanco

rawaya

amarillo

ruwan lemo

naranja

ruwan shanshanbali

rosa

ja

rojo

garura

violeta

shudi

azul

kore

verde

ruwan kasa

marrón

ruwan toka

gris

baki

negro

da yawa / kadan

mucho / poco

fushi / nutsuwa

enojado / tranquilo

kyakkyawa / mummuna

lindo / feo

farko / karshe

principio / fin

babba / karami

grande / chico

mai haske / mai duhu

claro / oscuro

dan uwa / 'yar uwa

hermano / hermana

mai tsafta / kazami

limpio / sucio

cikakke / maras cika

completo / incompleto

rana / dare

día / noche

matacce / mai rai

muerto / vivo

mai fadi / matsattse

ancho / angosto

na ci / ba na ci ba
....
comestible / no comestible

mugu / mai tausayi
....
malo / amable

mai karsashi / gajiyayye
....
entusiasmado / aburrido

kakkaura / siriri
....
gordo / flaco

na farko / na karshe
....
primero / último

aboki / makiyi
....
amigo / enemigo

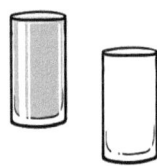

cikakke / holoko
....
lleno / vacío

mai tauri / mai laushi
....
duro / blando

mai nauyi / marar nauyi
....
pesado / liviano

yunwa / kishin ruwa
....
hambre / sed

cuta / lafiya
....
enfermo / sano

haramtacce / halastacce
....
ilegal / legal

mai basira / dakiki
....
inteligente / estúpido

hagu / dama
....
izquierda / derecha

kusa / nesa
....
cerca / lejos

sabo / na-hannu

nuevo / usado

ba komai / wani abu

nada / algo

tsoho / yaro

viejo / joven

kunna / kashe

encendido / apagado

a bude / a rufe

abierto / cerrado

shiru / kara

silencioso / ruidoso

mai arziki / talaka

rico / pobre

daidai / bata

correcto / incorrecto

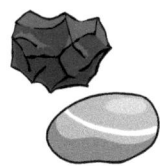

mai kaushi / mai santsi

áspero / suave

bakin ciki / farin ciki

triste / contento

gajere / dogo

corto / largo

a sannu / da sauri

lento / rápido

jikakke / busasshe

mojado / seco

dumi / sanyi

caliente / frío

yaki / zaman lafiya

guerra / paz

0

sifili

cero

1

daya

uno

2

biyu

dos

3

uku

tres

4

hudu

cuatro

5

biyar

cinco

6

shida

seis

7

bakwai

siete

8

takwas

ocho

9

tara

nueve

10

goma

diez

11

goma sha daya

once

12

goma sha biyu

doce

13

goma sha uku

trece

14

goma sha hudu

catorce

15

goma sha biyar

quince

16

goma sha shida

dieciséis

17

goma sha bakwai

diecisiete

18

goma sha takwas

dieciocho

19

goma sha tara

diecinueve

20

ashirin

veinte

100

dari

cien

1.000

dubu

mil

1.000.000

miliyan

millón

Turanci

inglés

Turancin Amurka

inglés americano

Mandarin na China

chino mandarín

Hindi

hindi

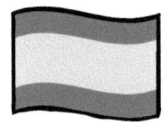

Sifaniyanci

español

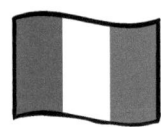

Faransanci

francés

Larabci

árabe

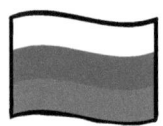

Yaren Rasha

ruso

Yaren Portugal

portugués

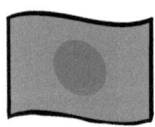

Bengali

bengalí

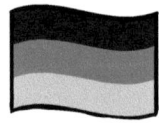

Yaren Jamus

alemán

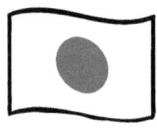

Yaren Japan

japonés

ni
....
yo

kai
....
vos

shi / ita / ita
....
él / ella

mu
....
nosotros

ku
....
ustedes

su
....
ellos

wa?
....
¿quién?

me?
....
¿qué?

ya ya?
....
¿cómo?

a ina?
....
¿dónde?

yaushe?
....
¿cuándo?

suna
....
nombre

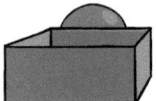

a baya

detrás

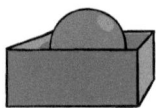

a ciki

en

a gaban

adelante de

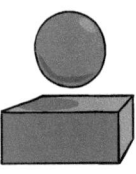

saman

por encima de

akai

sobre

karkashi

debajo de

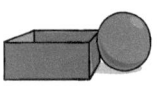

a gefe

al lado de

a tsakani

entre

wuri

lugar